AF330926

ÉLOGE HISTORIQUE

DE

M. TERCIER,

Prononcé à la séance publique de l'Académie Royale des Sciences & Belles-Lettres de Nancy, le 20 octobre 1767.

Par M. le Chevalier de SOLIGNAC,
Secrétaire perpétuel.

A NANCY,

Chez la Veuve & C. LESEURE, Imprimeur
ord. du Roi, & de l'Académie.

A PARIS, chez L. E. GANEAU, Libraire,
rue St. Severin, aux Armes de Dombes.

ÉLOGE

HISTORIQUE

DE

Mr TERCIER.

JEAN-PIERRE TERCIER, Écuyer, ancien premier Commis des affaires étrangeres, & l'un des Membres de notre Société Royale, naquit à Paris le 7 octobre 1704.

Ses Parens étoient des Citoyens honnêtes & vertueux, semblables à peu près à ceux, dont * Horace se faisoit gloire, & qu'il estimoit plus que les Paul-Émile & les Messala. Satisfaits de leurs sentimens, ils jouissoient sans éclat de la plus éminente dignité : de celle qui résulte de la sagesse & de la vertu, dons précieux, nécessaires même, & que

---

ÉLOGE

HISTORIQUE

DE

Mr TERCIER.

JEAN-PIERRE TERCIER, Écuyer, ancien premier Commis des affaires étrangeres, & l'un des Membres de notre Société Royale, naquit à Paris le 7 octobre 1704.

Ses Parens étoient des Citoyens honnêtes & vertueux, semblables à peu près à ceux, dont * Horace se faisoit gloire, & qu'il estimoit plus que les Paul-Émile & les Messala. Satisfaits de leurs sentimens, ils jouissoient sans éclat de la plus éminente dignité : de celle qui résulte de la sagesse & de la vertu, dons précieux, nécessaires même, & que

____

* Horat, Sat, VI,

ceux qui n'ont que leur rang pour tout mérite, font forcés avec le refte des hommes, d'eftimer au-deffus de tous les rangs.

Le jeune Tercier fut appliqué de bonne heure aux études. Elles aiderent fa raifon à fortir de l'enfance : mais c'eft que fa raifon faifoit elle-même des efforts pour en fortir. Où cette difpofition heureufe ne fe trouve point, les études nuifent plus qu'elles ne fervent.

L'Écolier dont je parle, eut pu fe paffer de Maîtres. Un de fes plus grands talens, comme on le verra dans la fuite, étoit d'apprendre de lui-même & fans fecours, toutes fortes de Langues. Faut-il s'étonner, fi au fortir du Collége il poffédoit la langue latine & la langue grecque auffi parfaitement que la fienne propre.

Retiré déformais, il voulut habiter avec lui-même, confulter fon attrait & fes forces, fe connoître, s'approfondir, démêler fes connoiffances, en acquérir de nouvelles, & les mettre comme en dépôt dans fon cœur pour le fortifier contre fes paffions naiffantes.

Il ne faifoit que mefurer fa carriere qu'il l'avoit déja parcourue, & il l'ignoroit lui-même, lorfque le Marquis de Monti, nommé

Ambaſſadeur en Pologne, ayant eu occaſion de le connoître, s'apperçut que la providence le formoit en ſecret, & le tenoit comme en réſerve pour en faire un ſujet utile à l'État.

Tranſporté tout d'un coup en 1728, dans un pays où la nature forte & hautaine rend les cœurs fiers & indociles, hardis dans les projets, extrêmes dans l'exécution; où le gouvernement, quoique avec les meilleurs principes, ne ſe conduit qu'au hazard; où malgré l'inégalité des fortunes, ſubſiſte une égalité de naiſſance qui confond tous les rangs; où un ſeul homme dans les aſſemblées d'État, peut étouffer la voix d'une foule de Citoyens dont le zèle l'offenſe ou l'éblouit; où la liberté ne ſe ſoutient que par la force des armes qui l'a établie; où tout eſt en guerre dans le Sénat, dans chaque cité, ſouvent dans chaque famille; où le Sceptre même ne peut ramener l'ordre & la paix; où la fineſſe enfin qui avilit la politique, la ſupplée & déroute l'obſervateur le plus exact. Dans ce pays de troubles, d'intrigues, de défiances, le Secrétaire du Marquis de Monti ſut ſe prêter aux goûts, aux préjugés, aux mœurs, au génie de la nation; différent de quelques-uns de nos François étourdis & volages, qui d'un ton bruyant & décisif frondent les coutumes & les usages des divers Etats, & traitent d'étrangers dans leur propre pays ceux que la providence y a fait naître.

M. Tercier plus réfléchi que ne le comportoit son âge, voyoit l'humanité en grand. Il admiroit dans l'argile même dont elle est formée, le plus bel ouvrage du Créateur, & il ne la méprisoit pas pour quelques traits moins délicats & plus ou moins sensibles. Témoin de sa conduite, je la voyois avec joye faire à tout moment l'éloge de ma nation. Toujours prêt à louer ce qu'il trouvoit d'estimable, il faisoit plus, il excusoit les défauts & ne laissoit pas même entrevoir qu'il les eut sentis. Quoique habile à pénétrer les caractères & à démêler les inclinations, il ne montroit de discernement, qu'autant que lui en permettoient ceux qu'il avoit intérêt de connoître; aussi avec une complaisance sans fadeur & des égards sans contrainte, il eut le bonheur d'être estimé de tous les ordres de l'État.

Leur bienveillance lui fut d'autant plus précieuse qu'elle lui devint extrêmement utile, lorsque dans l'interregne qui s'ouvrit à la mort d'Auguſte II. il eut à gagner les ſuffrages de la nation ſous la direction du Marquis de Monti & d'après les deſſeins de la France.

Dès ce moment plus occupé qu'il ne l'avoit encore été, mais ſans le paroître & ſous un air d'indifférence & de déſœuvrement, il s'appliqua tout entier à la réuſſite du projet confié aux ſoins de l'ambaſſade. Il s'y livra avec d'autant plus de zèle, qu'il prévoyoit les obſtacles qu'un pur ſentiment de jalouſie engageroit les Puiſſances voiſines à y oppoſer.

Le ſignal dé la guerre fut bientôt donné. La diſcorde alloit par-tout ſecouant ſa torche fatale, & infectant la plûpart des États des plus noires vapeurs. L'Autriche, de ſon côté, réchauffoit les entrailles glacées des Ruſſes ; & ce peuple qui gagnoit peu encore à être connu, & qui par un juſte preſſentiment, avoit l'ambition de l'être, ſe chargea d'exécuter ce que l'Allemagne n'oſoit entreprendre, & menaça la Pologne d'un embraſement général.

Dans ces premiers momens de diſcorde & d'allarmes, où toute autre nation n'auroit peut-être vu le danger que pour le craindre & ſe le groſſir, la Pologne ne relâcha rien de son amour pour Stanislas que l'on vouloit éloigner du trône ; & convaincue des droits qu'il y avoit, elle ne cessa de le réclamer d'un cri affectueux & unanime.

Quoique accoutumée à un usage que l'on doit moins lui imputer, qu'à la générosité intéressée des Princes qui la sollicitent, elle refusa ce que la reconnoissance du Ministre François lui offroit d'avance, & demanda uniquement qu'on employat à lever des troupes pour la défendre, ce qu'on s'imaginoit nécessaire pour mériter son consentement. Cette anecdote ignorée jusqu'à présent, & que je n'ai pas encore eu occasion de mettre au jour, fait autant d'honneur au Prince que les Polonois vouloient élire, qu'aux Polonois eux-mêmes, trop souvent accusés de mettre leur couronne en vente, aussi-tôt qu'on pense à l'acheter.

Malheureusement pour des raisons qui ne me sont pas connues, les troupes ne furent point levées, & les dons furent répandus sans aucun profit. Faut-il s'étonner si la force prévalut sur la justice. Stanislas fut élu : mais peu de temps après, avec la portion la plus distinguée de ses compatriotes, il fut assiégé dans Dantzig ; & la ville étant obligée de se rendre , le Marquis de Monti & son coopérateur, j'ai presque dit, son ami, furent mis aux fers pour avoir favorisé l'évasion du Roi , & repoussé par les armes celles qu'on avoit osé lever contre ce Prince, l'idole de sa nation.

On vit alors ce qu'on n'avoit jamais vu dans l'europe, & qu'il n'appartenoit qu'aux Russes d'alors d'y montrer les premiers : on vit un Ambassadeur traîné * par des satellites de ville en ville, son Secrétaire condamné à mort, & tous les deux enfin par un jugement nouveau , renfermés dans une maison entourée nuit & jour de plusieurs corps-de-garde, & dont ils ne pouvoient pas même en aucun temps ouvrir les fenêtres pour respirer un air nouveau.

Cet événement plus surprenant qu'aucun des phénomenes de la nature, fut bientôt suivi d'un autre plus étonnant encore ; c'est qu'un si affreux changement d'état & de fortune n'en apporta point à l'ame des deux prisonniers, & ne leur coûta aucune vertu. Tranquilles dans l'excès de leur malheur,

---

* De Dantzig à Elbing, ensuite à Marienbourg, & de cette ville à Thorn.

parce qu'il dépofoit en faveur de leur zèle à remplir leur devoir, ils le fupporterent avec tant de courage, qu'on eut dit qu'ils en jouiffoient comme on jouit des plaifirs.

Toute leur peine étoit de fe trouver réduits à confumer le temps fans pouvoir l'employer. Chaque inftant leur étoit un fardeau, leur trop grand loifir une fatigue ; mais unis par le befoin, plus qu'ils ne l'avoient encore été par l'eftime, ils furent tromper leur inutilité & ce dangereux ennui, qu'il fuffit de craindre pour l'aigrir & l'augmenter. Ils fe tinrent lieu d'occupation l'un à l'autre, & dans la fcene toujours variée de leurs entretiens, que foutenoit la férénité tranquille de leur innocence, chacun d'eux, * felon l'expreffion de l'Orateur Romain, devint un théatre intéreffant pour le compagnon de fes peines. Je les vois fe déceler mutuellement, fe prêter leurs penfées, fe dérober leurs chagrins, s'avertir de leurs reffources, s'aggrandir en fe rapprochant, & de leurs fentimens réunis fe faire un égide impénétrable aux preffentimens-mêmes qui les ménaçoient de plus grands malheurs.

* Alter alteri theatrum fumus, *Cicer.*

Leur captivité dura dix-huit mois. L'Ambaſſadeur & le Secrétaire en ſortirent ſans avoir rien perdu de la vigueur de leur ame ; leur tempérament ſeul fut attaqué. Le Marquis de Monti eut pluſieurs infirmités, qui avancerent peut-être ſes jours ; & M. Tercier, perclus de rhumatiſmes, n'en retrouva la guériſon que dans les eaux thermales de ce pays.

Il fut à peine rétabli que le Cardinal de Fleuri l'employa à des affaires particulieres concernant le miniſtere. Dans les longs intervalles d'une fonction qui ne l'occupoit que de temps à autre, il entreprit l'étude de pluſieurs langues eſtimées néceſſaires à des connoiſſances qu'il vouloit acquérir. Il apprit l'Eſpagnol, l'Anglois, l'Arabe même & le Turc, & il ajouta cet avantage à celui qu'il avoit déja de poſſéder parfaitement l'Allemand, l'Italien & le Polonois, auxquels il s'étoit appliqué durant le temps paiſible de l'Ambaſſade. Ce n'eſt pourtant pas cette multiplicité d'idiomes qui doit étonner le plus ; c'eſt la facilité qu'il avoit de les apprendre de lui-même, de les parler ſans les confondre, & de les prononcer preſque du même ton que les naturels du pays où ils ſont en uſage.

M. Tercier avoit un de ces génies heureux qui femblent également faits pour tout ce qu'il leur plait d'entreprendre. Nommé par la Cour en 1748, pour accompagner au Congrés d'Aix-la-Chapelle, le Comte de St. Severin qui s'y rendoit en qualité de Plénipotentiaire, il fut fenfible à ce choix de confiance ; mais il n'apperçut point ce qu'il lui promettoit du côté de la fortune, il n'eut d'autre defir que de le juftifier par un heureux emploi de fes talens.

Introduit dans un monde nouveau, il vit des hommes d'un ordre fupérieur, propres à entamer les affaires & capables d'en foutenir le poids ; mais qui deftinés à guérir les maux de leur patrie & de l'europe entiere, n'étoient point libres dans leurs amitiés, étoient même encore ennemis, & ne portoient néanmoins dans leur cœur qu'un reffentiment fans vengeance. Prévoyans, mais inquiets, plus affables que confians, ces Miniftres fe regardoient d'un œil apprêté, parloient peu, écoutoient beaucoup, veilloient fur eux-mêmes, étudioient les caracteres, cachoient le leur, vouloient tout pénétrer & reftoient eux-mêmes impénétrables. Peu à peu croyant fe connoître, ils se rapprochent & leur franchise semble ennemie de toute précaution. Chacun d'eux pour éteindre la guerre, se hâte de profiter du repos incertain qu'elle leur laisse & qu'elle leur envie.

Ce fut alors que M. Tercier sentit plus que jamais ce qu'exigeoit la négociation, dont il devoit aider le succès; il y apportoit, il est vrai, un jugement solide & profond, de l'élévation, de la force, un esprit facile, une imagination souple, une suréminence de raison, de grandes connoissances, une longue habitude au travail; mais tout cela ne suffisoit pas encore.

Elevé avec le Plénipotentiaire au-dessus d'un horison immense, il devoit comme lui en réunir tous les points de vue sous un seul, les rapprocher malgré leur éloignement, les distinguer malgré leurs rapports, les concilier malgré leurs différences. Il devoit comme lui tenir un juste milieu entre la précipitation & la lenteur, n'oublier rien d'utile, ne rien faire de superflu, prévoir les obstacles ou les forcer, s'accommoder aux temps sans en dépendre, avoir toujours l'esprit du moment, des hasards, des occasions pour en profiter, ne marquer aucune crainte d'être trompé pour ne pas laiſſer entrevoir le moyen de l'être. Il devoit, ſuivant les circonſtances, avoir le courage de ſe laiſſer ſoupçonner de foibleſſe ou d'inattention, s'offrir de lui-même à la ſéduction pour aſſoupir les défiances. Il devoit ſans ceſſe replier ſa capacité ſur elle-même pour en tirer plus de reſſources, & avoir comme un corps de réſerve toujours prêt aux beſoins. Il devoit..... & quels ne ſont pas les devoirs de ces moteurs puiſſans & de leurs coopé-rateurs, à qui il eſt ordonné de renouveller la terre plongée dans les horreurs du bri-gandage & de la mort, d'arracher les armes des mains des nations, de refondre leurs cœurs d'airain, de les empêcher de s'épuiſer par leurs propres forces, de faire redevenir hommes des meurtriers gagés pour tuer leurs ſemblables, de ramener dans tous les Etats la juſtice & la bonne foi, d'en-gager les Souverains à modérer leur ambi-tion, de leur faire ſentir le prix du ſang qu'ils ont fait verſer pour la ſatisfaire, de leur repréſenter que le trafic qu'ils en ont fait a trompé leurs deſirs ; de porter enfin ces Maîtres du monde, au moment ſur-tout que leur main fatiguée paroît chanceler ſur

le timon de leurs Etats , à imiter ces pilo-
tes , qui dans la tempête jettent une partie
de leurs biens pour fauver l'autre , & re-
gardent comme une efpece de fortune d'a-
voir encore le temps de perdre ce qu'ils ne
peuvent conferver.

Ces devoirs & plufieurs autres moins
connus & non moins importans , firent
l'unique occupation de notre Ambaffadeur &
de fon aide. Auffi le Roi qu'ils inftruifoient
chaque jour de leurs demarches , ne ba-
lança point de foufcrire à leurs fentimens.
Quoique chef d'une nation à qui rien n'eft
difficile , quand on n'exige d'elle que de la
valeur & quand on lui promet de la gloire ,
il voulut bien facrifier fes intérêts au bien
général de l'europe , & rendre fes fujets
plus heureux qu'il n'eut pû le devenir lui-
même par de nouvelles conquêtes.

Ce fut M. Tercier qui fut chargé de lui
apporter les préliminaires de cette paix ,
que rien n'eut pû troubler depuis , fi le defir
content favoit s'applaudir , ou plutôt s'il
n'en étoit de toutes les paix , comme d'un
ifthme conftruit avec foin , mais à la hâte ,
pour féparer des mers , & qui ne pouvant
en foutenir le choc , eft ébranlé du moment

qu'il leur fert de digue, & bientôt entraîné par les flots qui mugiffent & fe heurtent avec d'autant plus de fureur, qu'ils n'ont plus d'obftacle qui les retienne.

La récompenfe des travaux utiles de M. Tercier fut un pofte conforme à fes talens; il fut nommé premier Commis des affaires étrangeres.

C'eft ici, Meffieurs, que je fuis contraint de le perdre de vue par l'impuiffance où je fuis de le fuivre dans ce fombre appartement du Palais de nos Rois, où la politique conduite par la raifon, veille fur leurs intérêts, épie les changemens que produit par-tout ailleurs la mobilité des mœurs & des fentimens, franchit les diftances, paffe au travers des temps, affujettit les mouvemens des nations à des calculs fixes, fe revêt de toutes les formes, dévoile les intrigues, évente les projets; & malgré les contradictions, les feintes, les écarts, s'ouvre l'intérieur des Cours & fe referme auffitôt fur elles, pour leur dérober en quelque forte leurs propres fecrets.

Renfermé comme un autre Thefée dans une efpece de labyrinthe rempli de finuofités, M. Tercier eut durant dix ans le bonheur

heur de ne s'y point égarer, & peut-être l'avantage de combattre avec succès des minotaures, ambitieux de détruire & de ravager.

Un accident imprévu le priva tout d'un coup des récompenses qu'il méritoit, & lui fit perdre jusqu'à son emploi, la premiere de ses récompenses. La nation qui se prévaloit de ses talens, fut contrainte elle-même de se les rendre inutiles; je le dis d'autant plus hardiment, que j'aurois honte de profaner cet éloge par un silence affecté. Nommé Censeur Royal, M. Tercier eut l'imprudence d'approuver un ouvrage, où une raison fiere prenoit un essor dangereux. Je ne dirai point que les yeux du Censeur furent éblouis par la brillante vivacité du stile, & par l'air imposant d'une composition, où le génie * comme un torrent se répandoit entre des rives fleuries avec autant d'abondance que de rapidité. Plus maître de ses réflexions, M. Tercier eut apprécié plus sainement l'ouvrage; mais l'objet ordinaire de son application, toujours présent

---

* Monte decurrens, velut amnis, imbres
Quem super notas aluêre ripas,
Fervet, immensusque ruit. *Horat. lib. IV. Od. I.*

à fon efprit, anéantiffoit pour lui tous les autres ; & fon attention concentrée, ne s'échappoit que légérement & d'un long intervalle à l'autre, fur un livre garanti d'ail-leurs par l'eftime qu'il avoit pour l'auteur. Après tout, ce fut ici le fommeil d'Homere : fommeil moins naturel peut-être, qu'adroi-tement provoqué. Les bons efprits en le refpeçtant le craindront pour eux-mêmes.

Privé de fes fonçtions, & tout fumant encore de la foudre qui l'avoit frappé, M. Tercier quitta le féjour de Verfailles; mais quoique fenfible à fa difgrace, il s'y mon-tra fupérieur par fa fermeté. Il portoit avec lui toute fa vertu, & il n'avoit rien à re-douter des reproches de fa confcience. Son deffein étoit de fe livrer déformais tout entier à fon goût pour les Lettres. Le Miniftere le jugea plus utile au bien de l'Etat, & lui continuant fes penfions & fa confiance, le chargea de la rédaçtion de differens mémoires concernant la politique : nouveau genre de travail qui demandoit les connoiffances les plus étendues, le coup d'œil le plus jufte, la perception la plus nette, l'art de fonder & d'approfondir, d'embraffer tout à la fois l'enfemble & les détails, d'analyſer ſans rien confondre, de démêler les rapports, de les enchaîner avec ordre, & par une exacte préciſion, d'en former comme un corps de lumiere, capable d'éclairer plus parfaitement la route où il avoit marché ſi long-temps.

Ce fut ſa principale occupation juſqu'à ſa mort, arrivée le 21 janvier de cette année: mort ſi prompte & ſi ſubite, qu'il n'eut pas même le temps de s'en étonner: mais dès qu'on a mis tous ſes momens à bien vivre, on n'a beſoin d'ordinaire d'aucun moment pour bien mourir.

M. Tercier s'étoit marié en 749; il laiſſe une veuve * inconſolable de ſa mort, & qui négligeant les droits de la beauté, ne s'appliquoit qu'à mériter l'eſtime de ſon époux, qu'elle jugeoit avec raiſon plus flatteuſe que l'amitié, & toujours plus conſtante que l'amour même. Elle trouvoit

* Marie-Marthe Baizé, fille de M. Baizé, Avocat en Parlement, & ancien Echevin de la ville de Paris. Elle a eu trois enfans de ſon mariage, deux filles & un garçon, très jeunes encore, & qui favoriſés des dons de la nature, dons confirmés & embellis par l'éducation la plus parfaite, ne le font pas également des biens de la fortune, moins eſtimables, mais ſouvent plus néceſſaires, du moins toujours plus utiles dans le ſiecle où nous vivons.

dans fa compagnie un de ces caracteres qui ne fe développent que fous les dehors de la douceur, de la naïveté, de la confiance. M. Tercier étoit naturellement froid & férieux ; mais des graces fimples, des manieres unies, une prévenance fans baffeffe annonçoient en lui un cœur bon, honnête, bienfaifant, franc fans indifcretion, ingénu fans imprudence. Ennemi de toute efpece d'oftentation, il ne cherchoit point à être connu ; mais il avertiffoit volontiers les autres de leurs talens par le defir qu'il avoit de rendre tous les talens utiles. Formé fur le modele des anciennes mœurs, il avoit de la droiture dans toute fa pureté, & il n'étoit extrême fur aucune vertu. Il eut toujours une égalité de conduite, qui ne pouvoit vénir que du calme refpectable d'une ame qui n'a fujet de fe craindre, ni de fe fuir.

Le tumulte des affaires ne lui fit perdre en aucun temps le goût de l'étude, & il n'y eut pas recours comme à un remede, qui par cela feul ne lui en eut peut-être infpiré que du dégoût. Membre de l'Académie Royale des Infcriptions & Belles-Lettres, & l'un de nos Affociés dès l'établiffement de la nôtre, il s'étoit fait un devoir de la culture des Lettres , qu'il aimoit par le plaifir qu'on y trouve , & plus particuliérement par l'avantage qu'elles ont d'étendre l'empire de la raifon , d'augmenter l'amour du vrai , de faire mieux fentir la néceffité des vertus qui conftituent l'honnête homme.

Parmi fes ouvrages, on peut compter d'excellens mémoires fur la conquête de l'Egypte par le Sultan Selim , fur l'origine de la dynaftie des Sophis , fur la prife de Rhodes par Soliman , plufieurs extraits inférés dans différens journaux , fur-tout dans la bibliothéque raifonnée , & les extraits particuliérement de l'Académie des Infcriptions, dont il fut chargé pour être préfentés , felon l'ufage , tous les fix mois , à l'Académie des Sciences , & dont on fait encore aujourd'hui beaucoup de cas.

M. Tercier eut des amis. Le feu Roi de Pologne l'eut à peine connu , qu'il ne ceffa de l'honorer de la confiance la plus intime & des marques les plus vives de cette bonté , qui fied fi bien aux Grands lorfqu'ils ne dédaignent point de fe montrer hommes. Dès fon arrivée en Lorraine , ce Prince lui donna des Lettres de Nobleffe , qui

furent aussi-tôt confirmées en France ; &
ces Lettres (je puis le dire, car j'en fus
temoin) flatterent autant le Souverain qui
les accordoit, que le sujet qui en étoit
estimé digne. Je pourrois rappeller ici les
sentimens d'estime que la Reine de France
eut toujours pour lui, & qu'elle lui témoi-
gna dans toutes les rencontres. M. Tercier
eut souvent occasion de la reconnoître
semblable au Roi son pere dans l'art *
de civiliser la majesté du trône, & de faire
un heureux mêlange ** de l'élévation de
son rang avec la liberté des sujets qui ont
l'honneur d'approcher de sa personne.

Les amis particuliers de M. Tercier le
trouverent toujours extrêmement fidele ,
officieux , facile dans le commerce. Ils
l'aimerent toujours dans l'assurance de ne
le perdre jamais, & il les conserva toujours
avec autant de soin que s'il avoit pû les
perdre. Depuis plus de quarante ans j'étois
intimement uni avec lui. La sureté & la

----

* Imperatorium fastigium ad summam civilitatem deduxit.
Capitolin. en parlant d'Antonin le pieux.

** Quod res olim dissociabiles miscuerit, principatum &
libertatem. *Tacit. dans l'éloge de l'Empereur Nerva.*

confiance étoient établies ; les feuls agrémens de notre commerce avoient encore toutes les graces de la nouveauté. Peut-être a-t-on preffenti cette tendre union dans cet Eloge. Si cela étoit, ne pourrois-je pas me flatter d'y avoir réuffi ? & quel plus grand bonheur pouvois-je efpérer, que de faire prendre le langage de la vérité qui ne peut fe permettre aucun excès, pour le langage même de l'amitié en qui tout excès eft toujours louable.